WINTERTHUR

2. Auflage 2007

ISBN 978-3-905172-29-4
Gedruckt in der Schweiz

Max Schmid Fotos
Glenn Bigelow und Dominik Bruderer Fotos Porträts
Kathrin Bänziger Texte Porträts
Tim A. Landheer und Bruno Hasler Gestaltung
Mattenbach AG Lithos und Offsetdruck
Buchbinderei Burkhardt AG Bindung

Umschlag: Museums- und Bibliotheksgebäude
Vorhergehende Doppelseite: Blick vom Goldenberg

BIRKEN-
HALDE
VERLAG

MAX SCHMID

WINTERTHUR

EINE LIEBESERKLÄRUNG

Winterthur, eine Liebeserklärung

Es gibt Momente, da weiss man, was geschehen wird, ist gut. Lange vor der Ausführung, dort, wo sich erste Konturen im Dunst des Nichts abzeichnen. In einem solchen Moment entstand die Idee zu unserem Buch. An einem beschaulichen Abend erzählte uns der einheimische Fotograf Max Schmid bei einem kühlen Bier in der Altstadt, dass er ein paar Bilder über Winterthur hätte. Und wenn wir davon ein Buch machen würden, wüsste er noch viele Sujets, damit genug Material vorhanden wäre. Da fiel unser Entscheid, dieses Buch über Winterthur zu machen. Es war mehr als ein Projekt oder Bekenntnis – es wurde eine Liebeserklärung. Winterthur ist unsere Geburtsstadt, in deren Umfeld wir Begegnung und Abschied, Freude und Trauer, Geburt und Tod miterleben. Sie ist unsere Stadt, die uns an unzähligen Plätzen und Ecken Gelegenheit bietet für das Zusammen- oder Alleinesein. Ob diese Begeisterung für einen Erfolg genügt, wissen wir nicht. Dies mitten in einer Zeit (wir schreiben das Jahr 2003), in der auch Winterthur wirtschaftlich nicht auf Rosen gebettet ist. Aber Kopflosigkeit gehört in eine Liebesbeziehung. Zwanzig zufällig ausgewählte WinterthurerInnen erzählen Ihnen von ihren persönlichen Beziehungen zur Stadt und umrahmen die Bilder von Max Schmid. Das waren die Ingredienzen, aus denen wir dieses Buch, unsere Liebeserklärung an unsere Stadt, mixten. Wem dieses Bild von Winterthur zu verklärt erscheinen mag, der soll bedenken, dass auch ein verklärter Blick Neues zeigen kann. Das Wechseln des Standpunktes ermöglicht Entdeckungen. Lassen Sie sich von unserem Buch verführen und freuen Sie sich beim Durchblättern mit uns über unsere Stadt. Eine Stadt, auf die wir stolz sind und die trotz Globalisierung bescheiden geblieben ist. Vielleicht ist das eines ihrer Geheimnisse.

Peter Strupler, Dominik Bruderer
Birkenhalde Verlag, Winterthur

Fassaden-Detail am
Westflügel des Kunstmuseums

Blick vom Nordturm
der Stadtkirche Richtung
Steinberggasse
▼

«Schon als Kind interessierte mich, wie es dort aussieht, wo die Wolken herkommen. Folgerichtig begann ich, nach Abschluss meiner Berufslehre im Baugewerbe, zu reisen. Zu einem meiner bevorzugten Reiseziele wurde Island mit seinen ursprünglichen, fast ausserirdisch anmutenden Landschaften. Dort hat meine fotografische Laufbahn mit meinem ersten, in Reykjavik veröffentlichten Buch ‹Iceland – the exotic North-Iceland Review 1985› eine klare Perspektive erhalten. Die entlegenen Regionen auf dieser Welt bleiben meine bevorzugten Ziele, dabei ist es weniger die Abenteuerlust, die mich treibt, als die Neugier auf das Unbekannte, insbesondere die zahllosen Naturphänomene auf dieser Erde. Das Leben aus der Reisetasche bedeutet für mich Freiheit und ich tausche sie gerne gegen die Bequemlichkeit zu Hause ein. Kehre ich in meine Heimatstadt zurück, so verschwindet meine Fotoausrüstung in einer Ecke. Stattdessen verbringe ich meine Zeit mit der Aufarbeitung des gesammelten Bildmaterials und der Pflege meiner sozialen Verbindungen. Obwohl ich die Hälfte meines Erwachsenenlebens im Ausland verbracht habe und mich nur am Rande mit Winterthur identifiziere, spüre ich hier doch ein gewisses Heimatgefühl. Für flüchtige Momente wird Winterthur immer wieder zum Ort der Ruhe und Erholung. Eines Tages habe ich angefangen, die Stadt zu fotografieren: Auf dem Umweg über die grosse weite Welt ist sie in mein optisches Visier geraten – vage erst, fast unmerklich, nach und nach aber immer zielgerichteter. Ich begann zu entdecken, was mir oberflächlich vertraut war. Ich sah neue Perspektiven, unbekannte Konturen, verborgene Details. Ich ging auf Entdeckungstouren, auf Bilderfang in und um Winterthur. Zusammengekommen ist ein breit gefächertes Sammelsurium an Fotografien, Momentaufnahmen und Ausschnitte einer sich ständig verändernden städtischen Wirklichkeit: Eine Kollektion, die nie vollständig sein kann und die von meiner individuellen Sichtweise geprägt ist.»

Max Schmid
ist der Fotograf dieses Bildbandes über Winterthur.
Von ihm existieren zahlreiche weitere Bildbände.

Blick vom Goldenberg

◂ Blick vom Garnmarkt
auf die Stadtkirche

Steinberggasse
mit Fischmädchen- und
Judd-Brunnen

Zürcher Hochschule Winterthur
an der St. Georgenstrasse

Blick von der
Turmhaldenstrasse auf
die Stadtkirche

Neustadthus

Stadttor am Hauptbahnhof

Inneres Lind

Stadtpark mit
Häuserfassade Altstadt

Blick vom
Tössertobel
▼

«Ich bin sozusagen eine Ureinwohnerin der Altstadt. Schon als Kind wohnte ich am Kirchplatz, im Erwachsenenalter bin ich dahin zurückgekehrt. Früher waren Altstadthäuser noch nicht so begehrt wie heute. In der Altstadt zu wohnen, galt noch nicht als chic. Die Wohnungen waren – ausser an der Marktgasse – alt und billig. Ich erlebte als Kind den Einzug in die Altstadt dennoch als Befreiung gegenüber dem Leben im Wohnblock. Zwar gab es keinen Luxus, aber eine gute Atmosphäre. Auch meine – unterdessen erwachsenen – Kinder haben das Leben in der Altstadt positiv erlebt. Gleichzeitig war unserer Familie aber auch der Bezug zur Natur immer sehr wichtig, was allerdings kein Problem ist, liegen doch die Naherholungsgebiete in bequemer Velodistanz. Das Einzige, was nicht nah ist, ist das Auto, das ausserhalb der autofreien Innenstadt abgestellt werden muss. Dieses brauche ich als Altstadtbewohnerin aber ohnehin kaum und sonst benutze ich das Velo als Zubringer. Ich erinnere mich noch gut an die Zeiten, als die Altstadt noch nicht autofrei war und die Autos auf der Suche nach einem Parkplatz um die Stadtkirche herumkurvten – etwas, das man sich heute schlicht nicht mehr vorstellen kann. An der Multinutzung der Altstadt – Musikfestwochen, Fasnacht, Albanifest usw. – habe ich mich früher sehr aufgerieben, weil sie uns Bewohnerinnen und Bewohner zum Teil stark betrifft. Heute versuchen wir, uns diesen Grossanlässen zu entziehen, indem wir die betreffenden Wochenenden ausserhalb der Stadt verbringen. Was die Sicherheit in der Altstadt anbelangt, so bin ich der Meinung, dass sie das absolut sicherste Wohnquartier ist. Ich habe nie Angst – auch dann nicht, wenn ich nachts um 3.00 Uhr allein nach Hause unterwegs bin. Ein einziges Mal bin ich in all den Jahren angepöbelt worden. Wir Altstadtbewohnerinnen und -bewohner sind alle gute Beobachterinnen und Beobachter und haben ein Augenmerk darauf, was in unserer Umgebung vor sich geht.»

Jue-Hua Liu

ist Gestalterin und Lehrerin an der Kantonsschule Rychenberg.

Blick vom Nordturm
der Stadtkirche
auf den Kirchplatz

◂ ehemalige Badanstalt
am Rettenbachweg

Badgasse

Neustadtgasse

Trödlerladen an der Neustadtgasse ▶

DRECHSLEREI
Tel.

◂ Marktgasse

Wirtshausschild des ehemaligen Restaurants «Salmen» an der Marktgasse

◂ Altstadthäuser
in der Neustadt

Backsteinhäuser
an der Heiligbergstrasse

«Winterthur hat bis Mitte der 80er-Jahre eine bedeutende Rolle als Industriestandort gespielt. Jetzt ist die Stadt im Umbruch und der Trend geht klar in Richtung kleinerer Unternehmungen. Der Technopark und die Fachhochschule (ZHW) begünstigen die Ansiedlung neuer innovativer Betriebe und die Industrie, die immer noch eine wichtige Rolle spielt, bietet sich als Partnerin und Auftraggeberin an. Eine der Stärken Winterthurs liegt sicher im Sensorik-Bereich, in dem auch unser Unternehmen tätig ist. Sensoren werden überall dort eingesetzt, wo es um die präzise Messung von Druck, Kraft und Beschleunigung geht. Dass sich dieser Sektor gerade in Winterthur angesiedelt hat, ist zum Teil historisch bedingt. Unser Unternehmen etwa ging als Spin-off-Firma aus dem Sulzer-Konzern hervor. Weil wir etwas produzierten, das nicht zum Kerngeschäft von Sulzer gehörte, machten wir uns selbstständig. Seit unserer Gründung im Jahr 1957 sind wir kontinuierlich gewachsen. Heute haben wir zehn Tochtergesellschaften in Europa, den USA und Asien sowie über 30 Vertretungen weltweit. Der Hauptsitz unserer Holding-Gesellschaft ist Winterthur und wird es auch bleiben. Die Voraussetzungen hier sind gut: Der internationale Flughafen ist nah und es gibt ein grosses Potenzial an hoch qualifiziertem und loyalem Personal. Die Treue der Mitarbeiter ist für uns wichtig, dauert es doch bis zu einem Jahr, bis ein Mitarbeiter in der Produktion fachlich voll eingesetzt werden kann; in der Entwicklung sind es gar zwei bis drei Jahre. Für die Weiterentwicklung Winterthurs als starker Wirtschaftsstandort ist die Rolle des Stadtmarketings zentral. Während sich früher lokale Patrons um das wirtschaftliche, gesellschaftliche und kulturelle Leben der Stadt sowie die Mitarbeiterinnen und Mitarbeiter kümmerten, werden heute viele Firmen rein marktorientiert von auswärts geführt. Das Stadtmarketing setzt sich dafür ein, dass Winterthur wahrgenommen wird als ein Zentrum wirtschaftlichen Lebens, als ein Ort, an dem Innovation und Kreativität gefragt sind.»

Rolf Sonderegger
ist CEO der Kistler Instrumente AG
und Vorstandsmitglied des Stadtmarketing Winterthur.

Hotel «Banana City»

Blick vom
Aussichtspunkt Bäumli

Blick vom «Roten Turm» ▸
auf den Bahnhofplatz

No.1
SPACE!

Technorama

Storchenbrücke ▸

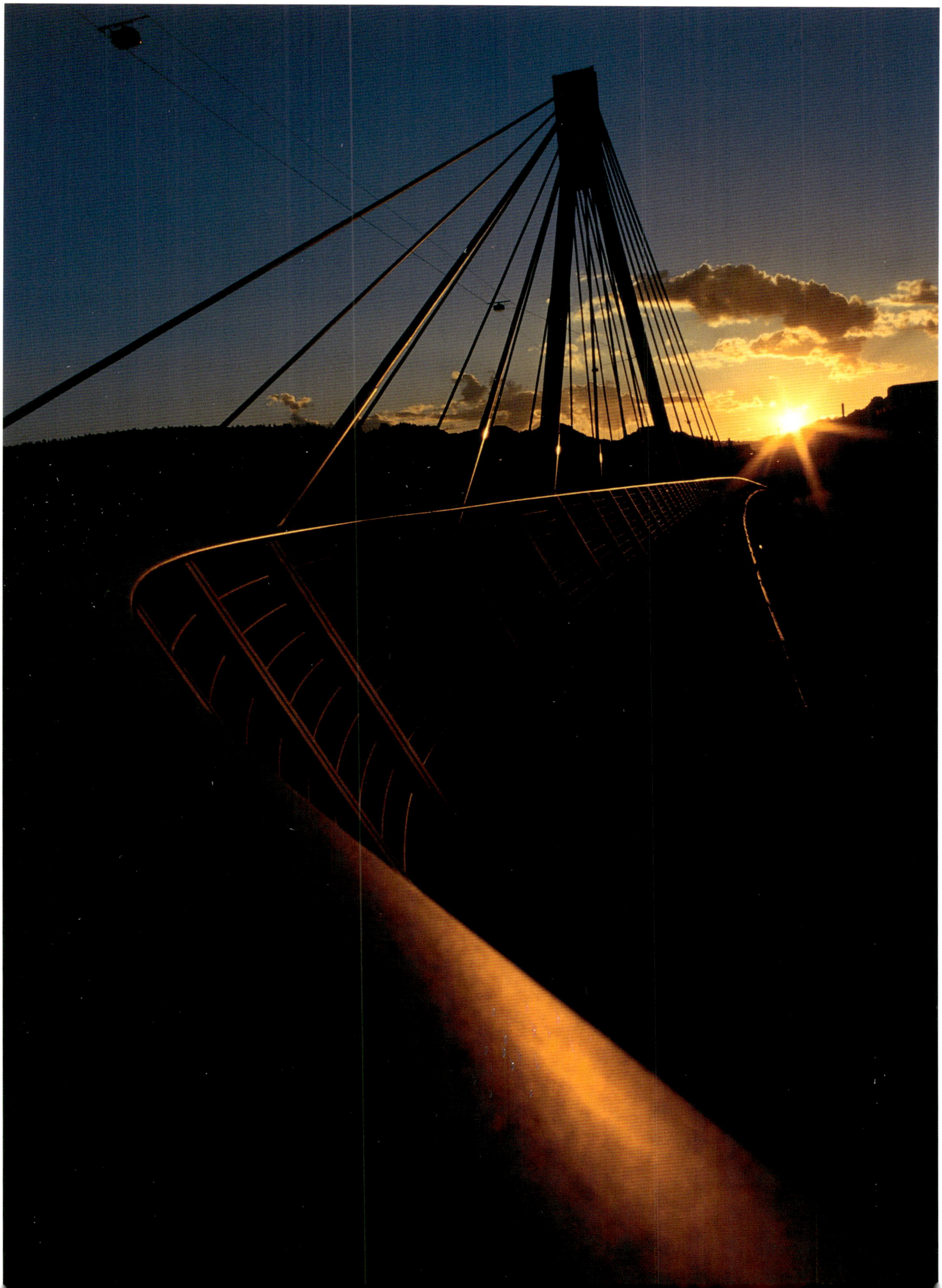

TECHNOPARK

◂ Jägerstrasse
mit Technopark

Theaterstrasse

Goldenberg-Wald
▾

«Alle lieben Bäume. Im eigenen Garten allerdings werden sie häufig ohne viel Federlesens gefällt, weil Laub rechen und Ästchen auflesen zu anstrengend ist oder weil der Baum einen missliebigen Schatten auf den Balkon wirft. Der Umgang mit Bäumen kennzeichnet die Epochen. Es gab ausgesprochen baumfreundliche Zeiten, etwa im 19. und im frühen 20. Jahrhundert. Seither hat die Baumfeindlichkeit zugenommen: Bäume werden dem Verkehr und Überbauungen geopfert, nicht wenige sind dem Sonnenkult im Weg. Zur Beruhigung der Kritik werden neue Bäume gepflanzt. Dabei wird vergessen, dass Bäume Zeit brauchen; 100 Jahre, bis sie ihre volle Pracht entfalten! Auch wer Bäume nicht speziell beachtet, steht unter dem positiven Einfluss ihrer Atmosphäre. Wer unter einem Baum sitzt, geniesst ein wunderbar ausgeglichenes Mikroklima. Wehe dem Wirt, der in seiner Gartenwirtschaft aus Bequemlichkeit die Bäume fällt und durch Sonnenschirme ersetzt! Er handelt kurzsichtig, denn unter Sonnenschirmen staut sich die Hitze, kühlende Lüftchen haben keinen Zutritt, die Gäste geraten ins Schwitzen. Winterthur zeigt mehrere Baum-Seiten: In der geschlossenen Winterthurer Altstadt gibt es fast keine Bäume. Das ist typisch für die engen mittelalterlichen Städte. Schön, dass bei der Neugestaltung der Altstadtplätze nun wieder Bäume mit einbezogen werden. Ausserhalb der Altstadt liegen die Park- und Gartenlandschaften mit ihrem reichen und vielfältigen Baumbestand. Von ihnen aus führen die markanten Alleen stadtauswärts, so die Lindenallee, die sich von der Altstadt bis zu unserem Internationalen Baumarchiv und noch ein Stück weiter stadtauswärts zieht, oder die eindrückliche Platanenallee in Oberwinterthur. Und immer wieder trifft man auf Exoten: Bezaubernd die Gleditschien im Stadtpark mit ihren gefiederten Blattrippen oder die merkwürdigen Ginkgos im Stadtbild. Und im Wald um die Walcheweiher die Mammutbäume, Douglasien und Weymouth-Kiefern, alles ‹Amerikaner›, von denen man sich vor 100 Jahren noch schnelleres Holz erhoffte.»

Bernd Steiner
ist Kurator des Internationalen Baumarchivs (IBA) in Winterthur. Rund 1500 historische Bäume aus 14 Ländern sind hier dokumentiert und jährlich kommen zehn bis 40 neue dazu.

am Heiligberg

Villa Bühler

Musikschul-Park

Heiligberg-Park

Turmhaldenstrasse

Hettlingen

Kyburg

«Winterthur hat eine sehr alte Rebbautradition. Seit dem Mittelalter spielte der Wein eine wichtige Rolle in unserer Region. Wein war damals ein Alltagsgetränk. Ein Rebbauer kelterte für den Eigengebrauch um die 3000 Liter. Heute würden wir sagen, es sei unmöglich, solche Mengen zu trinken. Der Wein hatte natürlich nicht das Niveau heutiger Weine, aber schon damals wurde Entsäuerungskalk eingesetzt. Winterthur hat sehr gute Reblagen und die Rebberge sind eine Bereicherung der Landschaft. Interessanterweise hat die Stadt Winterthur keine eigenen Rebberge auf Stadtboden. Zwar gehört der Stadt ein grosser Teil des Landes auf dem Goldenberg, in Stadel und am Gallispitz, die Rebberge werden aber privat bewirtschaftet. Der Winterthurer Stadtwein wächst in Neftenbach und in Wiesendangen – hier besitzt die Stadt ingesamt viereinhalb Hektaren Rebland. Angebaut werden neun Rebsorten, daraus entstehen 15 verschiedene Weine. Als Winzer leiste ich die Hauptarbeit in den Rebbergen, unterstützt von einer Lehrtochter oder einem Lehrling. Für die Laubarbeiten im Sommer und für den Wümmet benötige ich zusätzliche Leute. Der Wümmet ist für mich eine wichtige und schöne Tradition. Solche Gemeinschaftserlebnisse werden leider immer seltener. Im Kleinbauernbetrieb meiner Eltern hat man sich seinerzeit noch die Zeit genommen für gemeinsame Znüni und Zvieri. Am Wümmet lebt dieser Brauch wieder auf. Man sitzt noch etwas zusammen nach der Arbeit und feiert und als Dank für die geleistete Arbeit gibts eine Flasche Wein. Im 20. Jahrhundert erlebte der Rebbau in unserer Gegend nach einem blühenden 19. Jahrhundert einen massiven Einbruch. Schuld daran waren Fröste, die Reblaus und der falsche Mehltau. Heute gibt es in der Stadt Winterthur noch rund 23 Hektaren Rebland, in der Region sind es 90 Hektaren. Verglichen mit früher ist allerdings der Ertrag weit höher. Pro Quadratmeter werden zwischen 600 bis 800 Gramm Trauben geerntet. Das ergibt ungefähr einen halben Liter Wein.»

Hanspeter Wehrli
ist als Winzer für die Reben der Stadt Winterthur verantwortlich und Präsident des Weinbauernvereins Winterthur und Umgebung.

Rebhang in Neftenbach

Goldenberg

Goldenberg

Goldenberg

Altstadt ▸
mit Goldenberg

Neustadt-Hus

Wirtshausschilder

Blick vom Gallispitz
▼

Typisch Winterthur!

«Die Winterthurerinnen und Winterthurer zeichnen sich durch eine solide Bodenhaftung aus. Sie lassen sich kein X für ein U vormachen und sind skeptisch gegenüber Höhenflügen und raschen Veränderungen. Alles Prahlerische ist ihnen fremd und die Bescheidenheit gilt auch heute noch als eine ihrer wichtigsten Tugenden. Und dennoch hat sich den letzten Jahren etwas im Selbstverständnis der Bevölkerung geändert. Es ist, als ob ein Ruck durch die Stadt gegangen wäre, der ein neues kollektives Bewusstsein geweckt hat. Als wenn die Winterthurerinnen und Winterthurer beschlossen hätten, nicht länger zuzulassen, dass die Stadt ihr Licht unter den Scheffel stellt und dauernd unter ihrem Wert gehandelt wird. Es ist nicht länger tabu, die Stärken und Qualitäten der Stadt zu benennen und darauf auch ein bisschen stolz zu sein. Die Winterthurerinnen und Winterthurer haben es ohne grosses Aufheben geschafft, ein neues Selbstverständnis zu entwickeln. Typisch Winterthur, das war früher die Grossindustrie, die der Stadt auch dann noch Beständigkeit und Sicherheit suggerierte, als die Entwicklung schon längst in eine andere Richtung lief. Die Verantwortlichen der Winterthurer Wirtschaft versuchten den unmöglichen Spagat zu schaffen, wirtschaftlich an der Spitze zu bleiben und trotzdem so wenig wie möglich zu verändern. Der Zusammenbruch war brutal und hat die Stadt in eine schwere Krise gestürzt – aber auch zusammengeschweisst. Winterthur engagierte sich für neue Perspektiven und wählte eine neue Regierung in neuer Zusammensetzung. Der Wille zum Aufbruch ist offensichtlich und erste Erfolge zeichnen sich ab. Das Augenmass wird dabei nicht verloren gehen: Die Entwicklung der Stadt wird stets pragmatisch und überlegt sein – typisch winterthurerisch eben. Typisch winterthurerisch wird auch der Umgang mit Andersdenkenden bleiben. Eine Polarisierung der politischen Verhältnisse wie in der Stadt Zürich ist unvorstellbar. Winterthur ist eine Stadt, in der man sich immer wieder begegnet und einander in die Augen schauen muss. Das zwingt zu Annäherungen. Der daraus resultierende Mangel an Spannungsfeldern mag grosse Würfe verhindern; dafür werden die Entscheide meist von allen getragen.»

Ernst Wohlwend
ist seit 2002 Stadtpräsident von Winterthur.

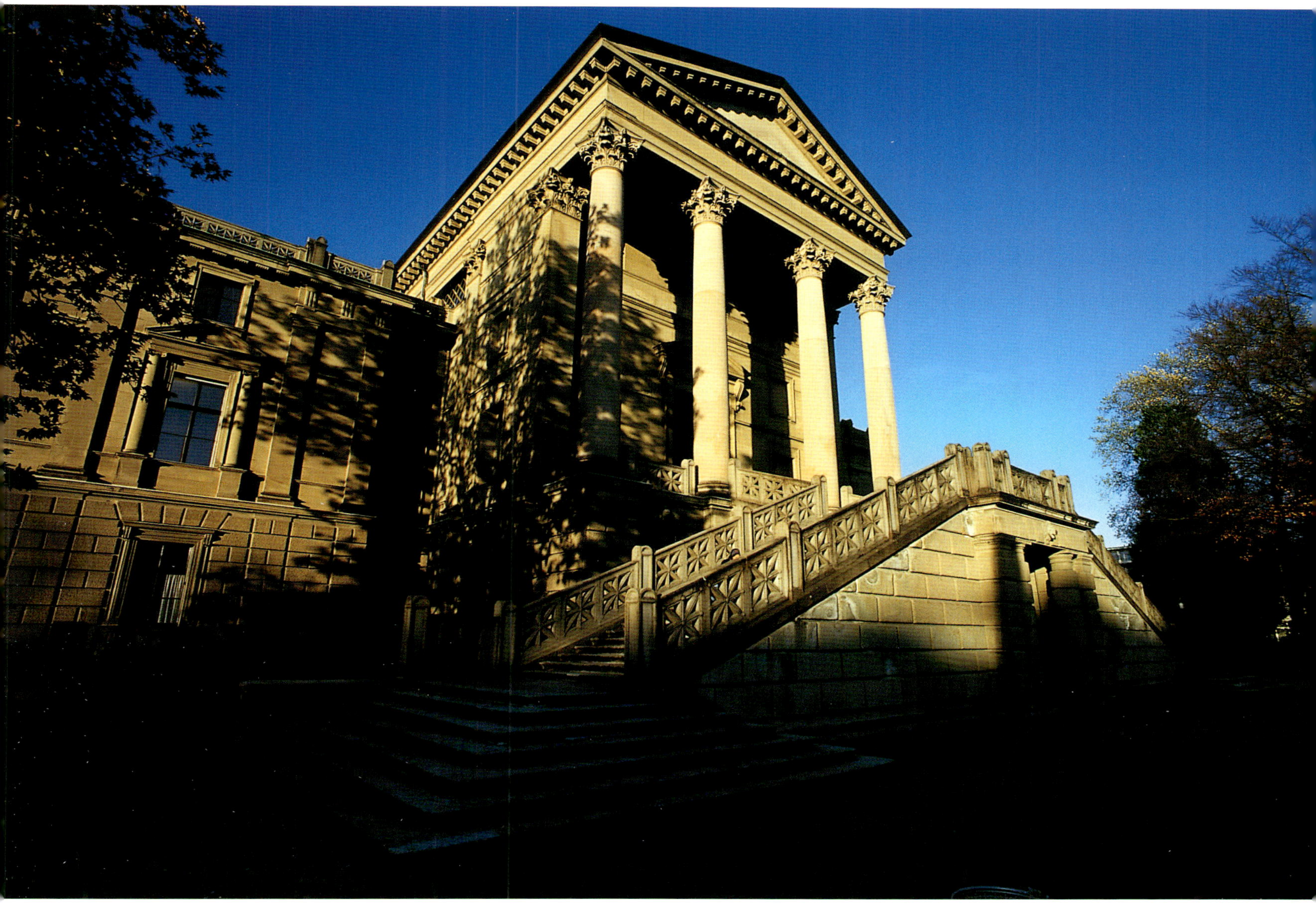

Stadthaus

◄ Platz vor dem Hotel
«Banana City»

Museums- und
Bibliotheksgebäude

◂ Sulzer-Areal

Stadttor

◂ Villa Bühler-Koller
(Trolleck)

Villa Jakobsbrunnen

«Winterthurerinnen und Winterthurer pflegen eine enge Beziehung zu ihrer Buchhandlung und sind bereit, auf die Barrikaden zu steigen, wenn deren Schliessung droht. Treue Kundinnen und Kunden haben unserer kleinen Buchhandlung das Überleben ermöglicht, indem sie uns kleinere und grössere Darlehen gewährten. Diese Solidarisierungswelle hat uns offensichtlich einen Sympathiebonus bei der Bevölkerung eingebracht: Es gilt heute als ‹in›, bei uns einzukaufen. Die Beziehung mit unseren Kundinnen und Kunden geht über das rein Geschäftliche hinaus. Die Leute interessieren sich auch für uns persönlich und bringen uns immer wieder Geschenke mit: einen Blumenstrauss, Süssigkeiten oder auch mal Geld für einen Znüni. Häufig wollen sie auch mit uns über die Bücher diskutieren, die sie gelesen haben oder sie empfehlen uns ihrerseits Bücher zur Lektüre. Ich stelle fest, dass die Winterthurerinnen und Winterthurer sehr nahbar sind und bereit, etwas von sich selbst preiszugeben. Interessant ist der relativ hohe Männeranteil unserer Kundschaft. Die Männer zeigen sich offen und neugierig und lassen sich gerne beraten von unserem Frauenteam. Den grössten Andrang erleben wir am Freitagvormittag während des Gemüsemarktes und am Samstag. Das Leseverhalten wird stark von Trends bestimmt. Gegenwärtig sind nordländische Autoren sehr gefragt. Vor zehn Jahren waren es indische und afrikanische. Immer beliebt sind Schweizer Autorinnen und Autoren, die bei den Leuten einen gewissen Kredit zu haben scheinen – unabhängig von der Qualität. Begehrt ist aber auch gute Frauenliteratur. Allgemein stelle ich fest, dass das Leseverhalten sich eher an den westlichen Kulturen, die uns näher sind, orientiert. Englische, kanadische und amerikanische Literatur ist konstant gefragt. Allerdings mit Einschränkungen: Wenn die Amerikaner zu klischeehaft daherkommen, bekundet die Winterthurer Leserschaft Mühe.»

Daniela Binder
leitet die Buchhandlung «Obergass Bücher».

Judd-Brunnen
in der Steinberggasse

Husemersee

Schloss Warth
bei Neftenbach

Wald im Tösstal,
Reithalle
▼

Tösstal

Blick von der Mörsburg
auf den Säntis

«Roter Turm»
▼

«Das Sulzer-Areal ist eine der besten Szenerien in der Schweiz. Seine Ausdehnung, seine wunderbare Geschlossenheit, seine räumliche Qualität und die Gassenbildungen sind vergleichbar mit der Altstadt Winterthurs. Das erste Projekt zur Umnutzung dieses einmaligen Industrieareals im Jahr 1989 sah einen Totalabbruch und eine Neuüberbauung vor. Ich war derart schockiert über diese Absicht, dass ich zusammen mit Kollegen eine Stadtwerkstatt organisierte, um die Öffentlichkeit für die Entwicklung des Sulzer-Areals zu interessieren und zu sensibilisieren. Im Rahmen dieser interdisziplinären öffentlichen Gespräche (Stadtwerkstatt) orientierten namhafte Referenten wie Luigi Snozzi, Johann Voggenhuber und Stanislaus von Moos über Möglichkeiten und Erfahrungen im Zusammenhang mit Umnutzungen von leer stehenden Industriearealen in anderen Städten. Ich bin überzeugt, dass eine solche Umnutzung Zeit braucht und organisch wachsen muss. Gegenwärtig verläuft die Entwicklung auf dem Areal so, wie ich sie mir vorstelle. Das freut mich natürlich sehr. Die besonderen Qualitäten der Stadt Winterthur liegen im Unspektakulären. Bemerkenswert ist etwa, dass die eindrücklichen Fabrikanlagen auf dem Sulzer-Areal nicht von Architekten, sondern von Ingenieuren gebaut wurden. Ebenfalls hervorragend sind für mich die ab 1945 entstandenen Industriebauten der Architekten Gilg + Stadelmann für die Firma Rieter in Töss. Als Aschenbrödel der Baukultur werden solche Bauten allerdings kaum zur Kenntnis genommen. Daneben finde natürlich auch ich es grossartig, dass Winterthur für den Bau des Stadthauses den berühmten Gottfried Semper geholt hat. Eine wichtige Institution in der Stadt ist das Architekturforum. Es macht die Architektur zu einem öffentlichen Thema und leistet damit wertvolle Aufklärungs- und Bildungsarbeit. Winterthur muss auch in Zukunft gute Architektur fördern: Die Voraussetzungen dazu schaffen vor allem auch öffentliche Wettbewerbe. Das sind Chancen für die Stadt.»

Peter Stutz
ist Teilhaber des Architekturbüros Peter Stutz Markus Bolt, dipl. Architekten ETH/SIA/BSA, Winterthur und Zürich.

Dächer beim Bahnhofplatz

Restaurant «National»
am Bahnhofplatz

Technorama

Museums- und
Bibliotheksgebäude

Ecke St. Georgen-/Sträulistrasse

1 2

3 4

◂ Kirche St. Peter und Paul

1 Brunngasse
2 Stadthausstrasse
3 Schloss Wülflingen
4 Technikumstrasse

Marktgasse
▾

«Zum ersten Mal habe ich das Museum Oskar Reinhart am Stadtgarten 1958 während meiner Lehrerinnenausbildung in Thun besucht. In Erinnerung geblieben ist mir insbesondere das Porträt Albert Ankers von seiner Tochter, einem blonden Mädchen in heller Sonntagsjacke mit Samtverzierung und einem Samthütchen in der Hand. Das Bild beeindruckt mich auch heute noch. 1970 folgte dann der erste Besuch in der neu eröffneten Sammlung Oskar Reinhart am Römerholz. Als ich ab 1975 begann, an der Winterthurer Kantonsschule Im Lee als Zeichenlehrerin zu unterrichten, wurde meine Beziehung zum Römerholz sehr eng. Für meine Kunstbetrachtungen eignete sich diese Sammlung mit ihren Spitzenwerken vom Spätmittelalter bis 1919 hervorragend. Ausserdem ermöglichte das Ambiente im ehemaligen Wohnhaus des Sammlers Oskar Reinhart mit seinen überschaubaren Räumen den Schülerinnen und Schülern einen guten Einstieg in die Entwicklungsgeschichte der Malerei. Ein ergänzendes Gegenstück zur Sammlung am Römerholz bilden die nachimpressionistischen Werke in der Villa Flora, die Arthur und Hedy Hahnloser-Bühler zwischen 1907 und 1930 gesammelt haben. Eine grosse Liebe verbindet mich auch mit dem Kunstmuseum. Die herausragende Sammlung zeigt internationale Kunst vom späten 19. Jahrhundert über die klassische Moderne bis zur Gegenwart. In den letzten Jahren setzen Wechselausstellungen mit amerikanischer und deutscher Kunst nach 1960 sowie italienischer Arte povera nach 1955 Schwerpunkte. Werke von Richard Tuttle, Brice Marden, Jerry Zeniuk, Ellsworth Kelly, Jannis Kounellis oder Gerhard Richter haben der Sammlung für den Zeitraum des späten 20. Jahrhunderts ein eigenes Profil verliehen, das national und international Anerkennung findet. Veranstaltungen wie Gespräche mit den ausstellenden Künstlern oder die Sonntagsmatineen, wo es zu ungewöhnlichen Begegnungen mit bildender Kunst, Musik und Literatur kommt, aber auch die Mittagsveranstaltung für junge Kunstinteressierte ‹Kunst und Sandwiches› machen dieses Museum zu einem Erlebnisraum mit immer neuen Entdeckungen.»

Renate Bodmer
arbeitet als bildende Künstlerin in Winterthur und ist Mitglied im Vorstand des Kunstvereins.

Annexbau Kunstmuseum

Heiligbergstrasse

Museums- und
Bibliotheksgebäude

Rychenbergstrasse

Park Musikschule ▸

◂ am Lindberg

beim Römerholz

«Eine echte Theaterstadt ist da, wo man mit jedem Taxifahrer und Kaffeehauskellner über die neusten Premieren diskutieren kann. Winterthur ist nicht Wien, aber doch alles andere als theatralisches Niemandsland. Die Stadt verfügt über ein vielfältiges Angebot. Das Theater Winterthur und das Sommertheater sind Häuser mit langer Tradition. Dazu kamen in den 70er-Jahren neue, kleinere Bühnen wie das Theater am Gleis, das Kellertheater oder das Theater Kanton Zürich, das zwar nicht nur in Winterthur spielt, hier aber seinen Sitz hat. Interessanterweise fällt auch der Neubau des Stadttheaters in diese Zeit. Die jüngste Theatergründung ist das Casinotheater, das Winterthur in ein Mekka der Schweizer Kabarett- und Comedyszene verwandeln könnte. Jede Bühne hat ihr eigenes Publikum. Kultiviert und bildungsbewusst im Theater Winterthur, ‹alternativ› im Theater am Gleis, familiär im Kellertheater, jünger und Event-orientiert im Casinotheater. Schade, dass es nur wenig ‹Überläufer› gibt. Mangel an Neugier, Berührungsscheu oder Kapitulation vor der Breite des Angebots? Was ich mich zuweilen frage, ist: Wo sind die jungen Leute? Zwar stelle ich als Theaterpädagoge fest, dass immer mehr Jugendliche selber Theater spielen wollen, am Angebot der etablierten Häuser scheinen sie aber wenig interessiert. Dabei finde ich, dass sich das Theater Winterthur in letzter Zeit sehr entwickelt hat und zum Teil glänzende Vorstellungen bietet. Das dürften sich durchaus mehr Leute auch von auswärts – und junge Leute – anschauen. Eine grosse Vitalität zeigt auch das Theater Kanton Zürich. Unsere Theater tragen also viel dazu bei, uns mit dem ‹Bedarfsgut Kultur› zu versorgen. Ein Aspekt freilich könnte sich noch stärker ausprägen: Theater als Medium gesellschaftlicher Reflexion, als Ort der Debatte, der Auseinandersetzung mit Themen von öffentlichem Interesse. Wenn die lokalen Truppen und Häuser expliziter auf ihr Umfeld und die Aktualität eingehen, erwachen wir morgen vielleicht in einer echten Theaterstadt!»

Christian Hoffmann
ist Theaterschaffender und Deutschlehrer
an der Kantonsschule Im Lee.

Theater Winterthur

Theater Winterthur
mit «Rotem Turm»

Aussicht vom Restaurant ▸
«Roter Turm»

«In Bewegung»:
Fassadenkunst von Ned Kahn
am Technorama

Theater Winterthur

«Winterthur hat eine sehr alte Musiktradition. Das Musikkollegium Winterthur wurde 1629 gegründet, als Vereinigung musikbegeisterter Winterthurer Bürger, die miteinander musizierten. Um 1875 entwickelte sich das Musikkollegium unter der Ägide aufgeschlossener Stadtbewohner zu einer Institution mit dem Anliegen, die Musik professionell zu pflegen und auch die Bevölkerung daran teilhaben zu lassen. Zu jener Zeit wurden die Musikschule und das Stadtorchester (heute Orchester Musikkollegium Winterthur) gegründet. Regelmässig standen Freikonzerte auf dem Programm, um so auch jenen Leuten einen Konzertbesuch zu ermöglichen, die sich sonst ein Konzert nicht hätten leisten können. Die Freikonzerte sind bis heute ein in ihrer Art einzigartiges Angebot. Einer der wichtigsten Pioniere des Musikkollegiums war Werner Reinhart, der das Mäzenatentum mit ebensoviel Geschmack wie Leidenschaft pflegte. In seiner Villa am Rychenberg gingen Künstlerinnen und Künstler von Weltrang wie Igor Strawinsky und Clara Haskil ein und aus. Dank seiner Unterstützung entwickelte sich das liebenswürdige, aber auch etwas provinzielle Orchester der Stadt zu einem bedeutenden Berufsorchester mit berühmten Dirigenten wie zum Beispiel Hermann Scherchen, der das Orchester von 1922 bis 1950 als Hausdirigent leitete. Bis heute spielt das Orchester Musikkollegium Winterthur auf hohem Niveau, und in der Fachwelt gilt die Programmierung als eine der besten in der Schweiz. Die 45 Musikerinnen und Musiker kommen aus 14 Nationen. An den Konzerten sind immer wieder hochkarätige Solistinnen und Solisten zu hören, denen man bei Auftritten in den grossen Städten der Welt wieder begegnet, und auch bei der Auswahl der Dirigenten zeigt Winterthur ein hohes Qualitätsbewusstsein. So waren etwa Franz Welser-Möst oder Heinrich Schiff Chefdirigenten in Winterthur. Gegenwärtig ist es der Holländer Jac van Steen.»

Beat Denzler
ist Rechtsanwalt und Präsident des Musikkollegiums Winterthur.
Mit der Musik ist er auch als begeisterter Amateur-Klarinettist verbunden.

Musikschul-Park

◂ Villa Rychenberg

Theater Winterthur

Museum Lindengut

Turmhaldenstrasse

«Die industrielle Geschichte hat das Gesicht Winterthurs geprägt. Unsere wirtschaftlichen, sozialen und kulturellen Wertvorstellungen wurzeln in dieser Vergangenheit. Mein Engagement für die Industriekultur ist wohl ebenfalls in der Vergangenheit zu suchen, bin ich doch im Arbeitsquartier Tössfeld aufgewachsen, umgeben von Sulzer, Rieter, dem Rangierbahnhof und dem Gaswerk. Seit meinem Studium an der ETH engagiere ich mich für die Erhaltung industrieller Kulturgüter. Eines der vielen Projekte, die ich realisiert habe, ist der Industriekulturweg in Winterthur, der an den wichtigsten Zeugen der Industriekultur vorbeiführt. Der Weg beginnt bei der Reismühle in Hegi mit ihrem funktionierenden Wasserrad und endet bei der schweizweit ersten mechanischen Fabrikspinnerei Hard in Wülflingen aus dem Jahre 1802. Dazwischen gibt es 19 Standorte zu besichtigen. So etwa das in den 1950er-Jahren entstandene Sulzer-Areal in Oberwinterthur mit seinem drei Kilometer langen internen Fabrikstrassennetz. Diese Dimensionen sind schlicht einmalig! Auf diesem nur noch zum Teil als Produktionsstandort genutzten Areal sind ein verdichtetes Wohn- und Gewerbequartier und ein öffentlicher Park geplant. Etwas weiter westwärts, beim Bahnhof Grüze, steht die letzte noch produzierende Nagelfabrik der Schweiz. Nebst neuen modernen Maschinen sind dort auch fünf alte Ungetüme zu sehen, die zu Demonstrationszwecken immer noch ‹Nägel mit Köpfen› machen. Klar der baulich bedeutendste Schauplatz der Industrialisierung ist das Sulzer-Areal ‹Stadtmitte›. Im Gegensatz zur weitläufigen Sulzer-Anlage in Oberwinterthur zwang hier der Platzmangel zu einer extrem verdichteten Bauweise. Diese erzeugt eine einzigartige Atmosphäre im Areal. Von der industriellen Prägung der Stadt zeugen auch eine Reihe von Arbeitersiedlungen. Die Arbeiterhäuschen an der Jägerstrasse zum Beispiel, die der Gründer der ‹Loki›, Charles Brown, nach Liverpooler Vorbild erstellen liess, oder die Rietersiedlung, die erste Arbeitersiedlung überhaupt in Winterthur.»

Hans-Peter Bärtschi
ist Industrie-Archäologe und führt in Winterthur die Geschäfte InBahn-Ausflüge und ARIAS-Industriekultur.

Sulzer-Areal

ehemaliges Lok-Depot

Sulzer-Areal

Sulzer-Areal

ehemaliges Lok-Depot mit
«Banana City» im Hintergrund

Töss-Wasserfall
bei der Wespi-Mühle

Töss-Wasserfall ▸
bei der ehemaligen Spinnerei Hard

«Schwerpunkte der archäologischen Forschungen in Winterthur sind Oberwinterthur und die Altstadt. In den letzten 25 Jahren wurden in Oberwinterthur zahlreiche wichtige Ausgrabungen durchgeführt. Gefunden wurden Überreste der römischen Siedlung ‹Vitudurum› sowie auch Spuren des mittelalterlichen Dorfes. Auf einzelne römische Spuren stiess die Archäologie auch in der Altstadt. Die Marktgasse etwa ist eine sehr alte Achse, die bereits seit der Römerzeit besteht. Die Winterthurer Altstadt ist gut erforscht und wir verfügen über viele neue Erkenntnisse, insbesondere was die frühe Entwicklung der Stadt bis zum 13. Jahrhundert anbelangt. So konnten wir die Entstehung und Veränderung der Gassenstrukturen sehr genau eruieren. Bereits vor 800 Jahren gab es so etwas wie eine Stadtplanung. Um ein Gassengeviert wie vorgesehen anlegen zu können, zögerten die damaligen Planer nicht, bestehende Gebäude abzureissen, wenn sie im Wege standen. Uns interessieren aber nicht nur die Spuren aus der Römerzeit und dem Mittelalter, sondern auch jüngere Funde bis zum 19. Jahrhundert. Sie geben Aufschluss über die Zusammensetzung der Bevölkerung, über Lebensstil, Handwerk oder Essgewohnheiten der Winterthurerinnen und Winterthurer in früheren Zeiten. Zum Einsatz kommen wir dann, wenn irgendwo neu gebaut wird. Im Rahmen von Baubewilligungsverfahren werden wir über Bauvorhaben in geschichtsträchtigen Bereichen informiert und entscheiden dann über eine Rettungsgrabung. Dank guter Absprache bleibt meistens genügend Zeit für entsprechende Untersuchungsarbeiten. Unsere Befunde werden dokumentiert, Fundgegenstände wie Geschirr- oder Gerätfragmente geborgen. Leider verfügen wir über kein Museum, in dem wir das reiche archäologische Material, das wir gesammelt haben, zeigen könnten. Immerhin gibt es aber einige Orte, wo ein Blick in die frühe Vergangenheit der Stadt möglich ist: die Kastellmauer auf dem Kirchenhügel in Oberwinterthur oder Überreste früherer Kirchen in der Stadtkirche und der Kirche in Oberwinterthur.»

Renata Windler
ist Archäologin und leitet bei der Kantonsarchäologie Zürich das Ressort Archäologie des Mittelalters und der Neuzeit.

Altstadt

VII
VIII
IX
X
XI
XII
I
II
III
IIII
V
VI

◂ Stadtkirche

Steinberggasse

Hofstadlerscheune
und Technikumstrasse

Platanen an der ▸
General-Guisan-Strasse

«Ich bin immer zu Fuss unterwegs in Winterthur. Ich liebe es, den Puls der Stadt zu fühlen und ihre verschiedenen Stimmungen zu spüren: Es gibt Tage voller Herzlichkeit und solche, da mag es nichts leiden. Ich lege pro Tag rund 20 Kilometer zu Fuss zurück. Der Arbeitsweg ist nur ein Teil davon. Jeden Morgen um vier Uhr laufe ich durch die Stadt. Dabei staune ich immer, in wie vielen Häusern schon das Licht brennt um diese Zeit. Meine Bekannten haben mich schon gefragt: Weshalb gehst du eigentlich schon um vier Uhr laufen und nicht erst um fünf Uhr? Ich habe das dann ausprobiert. Aber es war nicht das Gleiche: Um fünf Uhr hat es bereits viele Geräusche in der Stadt. Um vier Uhr aber ist es noch still. Es gibt Quartiere in der Stadt, die mag ich lieber als andere. Das hat aber weniger mit dem äusseren Erscheinungsbild der Quartiere zu tun, als mit den Leuten, die ich dort kennen lerne. Ich bin sehr kontaktfreudig und mag die Menschen. Ich kenne viele und viele kennen mich. Winterthur ist zwar eine recht grosse Stadt, aber überhaupt nicht anonym. Die Leute achten noch aufeinander. Ich suche den Kontakt zu allen: zu Alten, zu Jungen, zu Menschen mit einer Behinderung, zu Alkoholikern, zu Drogenabhängigen. Bis vor vier Jahren war ich immer mit dem Velo unterwegs. Ich habe dieses sehr sorgfältig gepflegt. Trotzdem rostete der Rahmen von innen durch. Das raubte mir jedes Vertrauen ins Velo und ich beschloss, fortan – mit wenigen Ausnahmen – nur noch zu Fuss zu gehen. Alle lachten mich aus, ich aber entdeckte die Qualitäten des Gehens. Ich nahm die Stadt viel besser wahr, traf Leute, an denen ich früher mit dem Velo einfach vorbeigefahren war und mit denen ich jetzt ins Gespräch kam. Ich lernte die verschiedenen Gesichter der Stadt kennen: ihre Hektik, ihre Nervosität, aber auch ihre Ruhe, ihre Lässigkeit oder ihre Vorfreude auf ein Fest. Ich begann, Liedtexte auswendig zu lernen auf meinem Arbeitsweg, ich registrierte, ob es den Menschen gut ging oder ob sie Probleme hatten, ich erkundigte mich, was passiert war, wenn jemand plötzlich aus dem Strassenbild verschwand. Ich war Winterthur plötzlich viel näher.»

Giovanni Schäfli
arbeitet in der Bildabteilung der Mattenbach AG, ist Hauswart, Pfarreiratspräsident, spielt und unterrichtet klassische Gitarre und singt in einem Kirchenchor.

Aussicht vom Brühlbergturm

Museum Oskar Reinhart
am Stadtgarten

Sonnenuhr Stadtkirche

Steinberggasse

Volkart-Rundbau und
St. Georgen-Schulhaus

ehemaliges Lok-Depot

Barockhäuschen

Grüze / Seen

Tösstal

Goldenberg-Wald
▼

«Als Kind war der Wald für mich ein spannender Spielplatz, später trainierte ich darin als Läufer und heute bietet er mir als Rückzugsort Schutz, Ideen und Erholung. Es kann passieren, dass ich nur rasch 40 Minuten joggen will und schliesslich zwei Stunden im Wald herumstreife. Mein Heimwald ist der Eschenbergwald. Ich bin richtig stolz darauf, dass Winterthur einen so grossen Wald hat. 320 Tage im Jahr ist der Wald fast leer. An den wenigen schönen Sonntagen tummeln sich zwar viele Erholungssuchende in ihm; die bewegen sich aber vor allem auf einigen Hauptachsen. Es ist klar, dass auf einem stadtnahen Wald ein gewisser Erholungsdruck lastet, aber es gibt immer noch genügend Rückzugsgebiete. Auch an den überfülltesten Tagen finde ich Plätze, an denen ich mausallein sein kann. Ich wüsste auch nicht, dass irgendwelche Pflanzen und Tiere allein durch die Erholungsnutzung des Waldes verdrängt worden sind. In jüngster Zeit ist die Vielfalt sogar eher gewachsen: Wildsauen ziehen über den Eschenberg, der Schwarzspecht findet vermehrt Nistplätze in dicken Buchenstämmen und die auf Totholz spezialisierte Krabbelgemeinde ist gewachsen. Begünstigt hat diese Entwicklung das Umdenken beim Forstbetrieb. Monotone Fichtenwälder gehören der Vergangenheit an, und es wird nicht mehr jeder Baum im wirtschaftlich optimalen Alter gefällt. Stattdessen werden Altholz-Inseln ausgeschieden und damit Orte geschaffen, wo auf kleinstem Raum dynamische Naturprozesse ablaufen. Meiner Meinung nach könnte auch im übrigen Wald die Bewirtschaftung etwas zurückhaltender sein: Viele Bachverbauungen oder das dichte und aufwändig gepflegte Wegnetz zum Beispiel finde ich übertrieben. Im Wald soll die Natur erlebbar sein; er ist kein zweiter Stadtpark. Als Mitbegründer der Waldschule Winterthur bin ich immer wieder mit Schulklassen unterwegs im Wald. Dabei erlebe ich bei den Kindern zum Teil eine dramatische Entfremdung von der Natur. Darum ist das Naturerlebnis im Wald gerade in der heutigen Computer-Zeit so wichtig.»

Andri Bryner
ist Familienvater, Naturwissenschafter,
Mitbegründer der Waldschule Winterthur und
Redaktor beim «Landboten».

am Brühlberg

◂ Giessen bei Sitzberg

Töss-Wasserfälle Hard

auf dem Wolfensberg

im Zürcher Weinland

◂ «Tüüfelschileli»

«Chöpfi»
auf dem Wolfensberg

◂ Töss-Wasserfälle Hard

bei Kyburg

bei Brütten ▾

«In den stadtnahen Wäldern wird es immer schwieriger zu jagen. Die Menschen beanspruchen den Wald zunehmend für sich. Die Folgen spürt man am Verhalten des Wilds. Es ist ‹heimlicher› geworden, das heisst es hält sich immer länger im Dickicht auf und verlässt erst spät abends den Wald, um in den angrenzenden Wiesen und Feldern zu äsen. Wir Jägerinnen und Jäger verwenden mehr als die Hälfte der Zeit für die Hege und Pflege des Wildes; für das Beobachten, das Verblenden von Waldrändern an stark befahrenen Strassen, den Schutz junger Bäume vor Verbiss sowie das Zählen des Wildbestandes im Frühjahr. Beim Beobachten werden die Tiere ‹angesprochen›, das heisst wir schauen mit dem Fernglas und bestimmen aufgrund von Körperbau, Haupt und Verfärbung Geschlecht und Alter der Tiere. Das Jagdjahr im Kanton Zürich dauert vom 1. Mai bis zum 31. März. Von Mai bis Juli werden die jungen Rehböcke bejagt, die sich nach dem Winter auf Reviersuche machen. Im August dann – nach der ‹Brunft› (Paarung) – schiessen wir auch kapitalere Böcke und im Herbst muss auch der Bestand der weiblichen Rehe ausgeglichen werden. Hasen werden aus Prinzip nicht mehr geschossen, da ihr Bestand leider immer mehr abnimmt. Der Hase hat sehr viele Feinde und zu wenig Hecken, um sich zu verstecken. Im Gegensatz zum Hasen konnte sich der Fuchs gut an die veränderte Umwelt anpassen, sodass heute sehr viele Füchse in unmittelbarer Nähe von Wohngebieten anzutreffen sind. Die Jagd ist kein Hobby, das man nur ausübt, wenn man gerade Lust dazu verspürt, sondern ein Auftrag. Wir müssen schauen, dass es genügend Freiraum für das Wild gibt, dass bedrohte Tierarten überleben und Überpopulationen dezimiert werden. Wenn zum Beispiel Krähen auf der Suche nach Raupen auf einem Feld die Kohlköpfe zerhacken, werden wir schadenersatzpflichtig, wenn nachgewiesen wird, dass wir zu wenig Krähen geschossen haben und der Bauer die entsprechenden Abwehrmassnahmen getroffen hat. Und wenn Rehe oder sonstiges Wild angefahren wird, sind es wir Jägerinnen und Jäger, die rund um die Uhr ausrücken.»

Gerda Rubli

machte als Winterthurerin ihre Schiess- und Jagdprüfung 1981 im Bünderland, wo die Volksjagd (Patentjagd) üblich ist. 1987 legte sie zusätzlich die Zürcher Jagdprüfung für die Revierjagd ab.

Oberwinterthur

Schloss Wülflingen

Schützenweiher ▸

◂ «Tüüfelschileli»

Kyburg

Oberwinterthur

Neftenbach

Mörsburg
▼

«Mit der Unabhängigkeit von Zürich Ende des 18. Jahrhunderts konnte Winterthur seine Stärken als Handels- und Industriestadt voll entfalten. Sichtbares Zeichen der Prosperität waren die Villen, die ausserhalb der Stadtmauern entstanden. Mein Urgrossvater Georg Schoellhorn, ein Hopfenlieferant aus Deutschland, war nach Winterthur gezogen, um bei der Brauerei Haldengut ‹nach dem Rechten zu schauen›. In der Folge übernahm er diese sukzessive. Er liess sich eine Villa an der Lindstrasse bauen. Diese Strasse war eine eigentliche Villenallee. Später siedelte sich dort auch mein Grossvater an. Die rote Backsteinvilla hat mich als Kind sehr beeindruckt. Das Esszimmer war unglaublich schön. Es gab geschnitzte Stühle im Stil eines Münchner Brauhauses und eine ‹Durchreiche›, was damals noch etwas Besonderes war. Das Interieur steht unterdessen unter Schutz. Der Gipfel der Vornehmheit war aber für mich, dass es neben dem Haupteingang einen speziellen Dienstboteneingang gab. In diesem Haus wuchs meine Mutter auf. Als meine Grosseltern 1933 starben, gab es Leute, die fanden, die Villa wäre doch ein repräsentativer Wohnsitz für meinen Vater, der damals Stadtpräsident von Winterthur war. Dieser aber wollte in Töss bleiben, wo er aufgewachsen war und als Arzt praktiziert hatte. Also zog die Schwester meiner Mutter mit ihrer Familie in die Villa ein. Meine beiden Cousins hatten dort je ein eigenes grosses Zimmer, während ich in Töss mein Zimmer mit meinem mittleren Bruder teilte. An der Lindstrasse residierte auch der Textilfabrikant Eduard Bühler, im heutigen Münzkabinett. Andere wohlhabende Kaufleute und Industrielle liessen sich im damals noch ländlichen Gebiet um die Römerstrasse nieder. Salomon Volkart dort, wo heute die ‹Winterthur› ihren Hauptsitz hat, Volkart-Teilhaber Jakob Steiner in einem barocken Landschlösschen. Den Kaufmann und Kunstmäzen Theodor Reinhart zog es auf den Rychenberg und der Industrielle Heinrich Sulzer genoss seine Freizeit in einer Sommerresidenz am Goldenberg. Ständigen Wohnsitz hatte die Familie damals noch in der Giesserei an der Zürcherstrasse – auf dem heutigen Sulzer-Areal.»

Urs Widmer
war von 1966 bis 1990 Stadtpräsident
von Winterthur.

Villa Römerholz

beim Römerholz

Lindstrasse

Rychenbergstrasse

Rychenbergstrasse

Tössertobelstrasse

am Lindberg

Aussichtspunkt
«Bäumli»
▼

«Ich finde Winterthur eine total gute Stadt. Am besten gefällt mir der Graben, wo die Stimmung im Sommer fast wie im Süden ist mit all den Leuten, die draussen sitzen und zu Mittag essen. Attraktiv finde ich auch die vielen schönen Velowege und natürlich die vielseitigen Ausgehmöglichkeiten. Fast jedes Wochenende werden gute Konzerte angeboten. Ich höre gerne Punk, Ska und Hippie-Musik, wie sie neuerdings wieder an Flower-Power-Partys gespielt wird. Ich bin ein sehr aktiver Mensch und deshalb vielleicht nicht eine sehr typische Vertreterin der heutigen Jugend, die es eher ‹easy› nimmt. Ich war im Jugendparlament engagiert und habe die ‹Juso› mitgegründet, die Jugendorganisation der SP. Was mir bei der politischen Arbeit auffällt, ist, dass wir sehr ernst genommen werden. Die Stadt Winterthur gibt sich wirklich Mühe, etwas für die Jungen zu machen. Das Jugendparlament betrachte ich als eine wichtige Einrichtung. Ich habe dort viel gelernt, zum Beispiel mich mit Leuten auseinander zu setzen, die eine andere Meinung haben. Immer am Samstagnachmittag bin ich mit der Behinderten-Pfadi unterwegs. Das ist ein unverrückbarer Fixpunkt in meinem Leben und ich halte diesen Nachmittag konsequent dafür frei. Für die Jugendlichen, mit denen ich es hier zu tun habe, ist es oft schwierig, eine Lehrstelle zu finden. Auch in meinem übrigen Bekanntenkreis höre ich von Schwierigkeiten bei der Lehrstellensuche. Ich bin der Meinung, dass alle ein Recht darauf haben, eine Lehre zu machen, die ihnen gefällt. Für mich selbst ist die Arbeitswelt noch etwas weit weg. Ich werde vermutlich ein Studium an der ETH machen. Ich muss etwas tun, das mich fordert und ich freue mich darauf!»

Silva Lieberherr
schloss im Herbst 2002 das Wirtschaftsgymnasium ab.

Graben

◂ Stadttor

Museums- und
Bibliotheksgebäude

Stadthausbrunnen

Inneres Lind

Flohmarkt
in der Steinberggasse
▼

Zumgrünengaum
MEGA-SHOP
PC-Discounter mit Qualität, Beratung & Service
Ihr starker Partner für:
✓ Notebook's
✓ PC-Systeme
✓ PC-Komponenten
✓ PC-Aufrüstungen
✓ Beratung & Service
Schmed Chinderhuus
29

Rose
JUGENDHAUS
31
33
35

«Die ersten ‹Ausländer›, die in die aufstrebende Industriestadt Winterthur zogen, waren Binnenimmigranten aus dem Bernbiet oder aus der Innerschweiz. Ihre Dialekte unterschieden sie von den Einheimischen und sie fühlten sich vorerst fremd in der neuen Umgebung. Gegen das Heimweh gründeten sie Heimatvereine wie den Berner-Verein oder den Glarner-Verein. Später zogen Deutsche und Österreicher nach Winterthur, die von den Industrieunternehmen wie Sulzer und Rieter als Arbeitskräfte gebraucht wurden, und Anfang des 20. Jahrhunderts vermehrt auch italienische Staatsangehörige. Mit 18 Prozent lag der Anteil der ausländischen Wohnbevölkerung vor dem ersten Weltkrieg nicht viel tiefer als heute. All die Zugewanderten leisteten einen wesentlichen Beitrag zum wirtschaftlichen Aufschwung Winterthurs. Einige von ihnen gründeten erfolgreiche Geschäfte: Grosse Winterthurer Bauunternehmen tragen italienische Namen, ebenso Detailgeschäfte. Auch viele Restaurants werden von Ausländerinnen und Ausländern geführt. In Winterthur leben heute gut 23 Prozent Ausländerinnen und Ausländer aus weit über 100 Nationen. Zählt man die binationalen Ehen und deren Kinder dazu, ergibt das fast die Hälfte der Stadtbevölkerung. Bei aktivem Engagement ist die Migration häufig eine Erfolgsgeschichte. Die Integration dauert allerdings ihre Zeit. Die erste Generation Italiener, die bei uns Arbeit fand, hatte noch unter argen Vorurteilen zu leiden. Heute werden die Italiener meist als kulturelle Bereicherung verstanden. Erwähnt sei hier nur Viktor Giacobbo, auch er Nachfahre einer eingewanderten Italiener-Familie. Für Immigrantinnen und Immigranten gilt – übrigens ebenso wie für Schweizerinnen und Schweizer, die ins Ausland auswandern: Voll integriert fühlt sich häufig erst die dritte Generation. In Winterthur kümmert sich seit über 30 Jahren der private, paritätisch zusammengesetzte Verein ‹Interkulturelles Forum› um die Förderung der Integration. Einen wesentlichen Beitrag zur Integration leisten vor allem die Volksschulen, seit kurzem fördert auch die Stadt selber entsprechende Bemühungen mit einem Integrationsdelegierten und einem Ausländerinnen-/Ausländerbeirat.»

Markus Hodel
ist Jurist, war bis Mitte 2003 Präsident des Interkulturellen Forums und hat das Projekt «Migrationsmuseum Schweiz» initiiert.

Lindstrasse

Wartstrasse

Waaghaus Marktgasse

Marktgasse

Hotel, Restaurant, Kino ▸
«Loge»

L O
G E
6

«Winterthur hat eine sehr aktive Konzertszene und auch im Partybereich ist viel los. In den letzten zwei Jahren hat sich die Kapazität der regulären Discoclubs von 5000 auf 9000 Plätze fast verdoppelt. Monatlich finden in Winterthur etwa 15 bis 30 Konzerte statt. Das ist in Relation zur Bevölkerungszahl eine ganze Menge, wenn man mit anderen Städten vergleicht. Wenn Konzerte angesagt sind, kommt das Publikum aus der ganzen Deutschschweiz und dem angrenzenden deutschen Raum. Dies, obwohl auf den Bühnen der Clubs heute weit weniger internationale Stars zu hören sind als früher. Deren Manager bevorzugen zunehmend grössere Auftrittsorte. Dafür ist die Schweizer Szene entscheidend besser geworden. Für das Winterthurer Publikum gilt ohnehin: Egal ob eine Gruppe aus Bümpliz, London oder New York kommt, Hauptsache die Musik gefällt. Die Leute kommen aus Interesse und nicht, um einfach an der Bar zu hängen und ein Cüpli oder ein Bier zu trinken. An den Konzerten ist die Stimmung auch dann gut, wenn nur wenig Leute da sind. Winterthur spielte als Konzertveranstaltungsort eine Pionierrolle. Das ‹Albani› ist – abgesehen vom ‹Atlantis› in Basel – der älteste Music-Club der Schweiz und die Musikfestwochen gehören zusammen mit dem ‹Paleo› in Nyon zu den ersten Festivals des Landes. Die Winterthurer Konzertveranstalter haben ein sehr gutes Verhältnis untereinander und stellen ab und zu auch Dinge gemeinsam auf die Beine. Das ist speziell. In anderen Städten dominieren häufig Neid und Missgunst. Einen guten Umgang miteinander pflegen auch die Winterthurer Bands. Leider gibt es im Moment keine, die durchschlagende Erfolge feiert, obwohl es von der Qualität her durchaus ein paar gäbe, die es verdient hätten. Dafür sind wir gegenwärtig stark, was gute Musikerinnen und Musiker anbelangt: Sie treten mit Sina, mit Polo Hofer, mit Hanery Amman, Natascha oder anderen bekannten Schweizer Grössen auf.»

Martin Kaiser
ist Programmverantwortlicher für die Konzerte
im Music-Club Albani und Mitinhaber
einer der grössten Konzertagenturen der Schweiz.

Brühlberg

Lind-Str.

◂ Fasnacht an der
Stadthausstrasse

Musikfestwochen
in der Steinberggasse

Storchenbrücke

Technorama ▸

Brühlberg
mit Alpenkette
▾

«Die günstige Topographie macht Winterthur zu einer idealen Velostadt und auch verkehrstechnisch ist einiges gemacht worden, um die Velos zu begünstigen. Gerade in Stosszeiten ist das Velo im Stadtverkehr schneller als jedes andere Transportmittel. Aufgrund einer Erhebung wissen wir, dass rund 30 Prozent der Winterthurer Bevölkerung mindestens einmal pro Woche das Fahrrad benutzt. An zweiter Stelle liegt in einigem Abstand Basel mit 20 Prozent. In der ehemaligen Arbeiterstadt Winterthur ist das Velo traditionell ein wichtiges Fortbewegungsmittel. An der Schaffhauserstrasse, wo ich aufwuchs, sah es in meiner Kindheit fast aus wie in China: Rudel von Velofahrerinnen und Velofahrern, aber kaum ein Auto. Velofahren ist aber nicht nur eine schnelle und praktische Art, sich in Winterthur fortzubewegen, sondern auch Ausdruck von Lebensfreude und Umweltbewusstsein. Über beides scheinen die Winterthurerinnen und Winterthurer in hohem Mass zu verfügen. Ich bewundere alle, die Tag für Tag bei jedem Wetter mit dem Fahrrad zur Arbeit fahren. Ich selbst benutze das Velo nicht mehr täglich für den Arbeitsweg. Das hat auch damit zu tun, dass ich häufig Ware aus dem Magazin, das sich an meinem Wohnort in Dägerlen befindet, nach Winterthur transportieren muss. Und das mache ich heute nicht mehr mit dem Veloanhänger. Ich führe unser Velo-Geschäft in der dritten Generation. Mein erstes Übergwändli bekam ich, als ich gerade fünf Jahre alt war, zu Weihnachten. Es war ein roter Overall mit einem Reissverschluss bis zum Knie. Mein Job war es, alte Velos zu zerlegen und die brauchbaren Occasionsersatzteile auszusortieren. Als mein Grossvater 1902 sein Geschäft gründete, war das Velo noch ein Luxusgerät, das einen vollen Monatslohn kostete. Ein Veloverkauf jeden Monat genügte, um über die Runden zu kommen. Heute muss ich 25 Velos im Monat verkaufen, um einen Mitarbeiter zu finanzieren.»

Hansruedi Maier
ist der Inhaber von Velo-Maier, dem ältesten Velogeschäft auf dem Platz Winterthur.

Dorffest Veltheim

◄ Stadtkirche

Stadthausstrasse

Kyburg

Tössbrücke bei ▸
Kyburg / Sennhof

Buch am Irchel

bei Buch am Irchel

Lindstrasse

Bibliografie

Bildbände von Max Schmid

2003

Bretagne. terra magica, Luzern.

2002

Island. terra magica, Luzern.

Norwegen. terra magica, Luzern.

2001

Neuseeland. terra magica, Luzern.

2000

Australien. terra magica, Luzern.

Poesie der Erde. Verlag Herder, Freiburg i. B.

1999

Alaska. terra magica, Luzern.

Die Alpen. terra magica, Luzern.

1998

Kerguelen. Birkenhalde Verlag, Winterthur.

Schweiz. Wo die Berge geboren wurden. Edition Stemmle, Thalwil/Zürich.

Nordwest USA, Nordkalifornien. Oregon, Washington, Idaho. terra magica, Luzern.

1997

USA. terra magica, Luzern.

1996

USA, Neuengland, Massachusetts, Rhode Island, Connecticut, Vermont, New Hampshire, Maine. terra magica, Luzern.

Rocky Mountains. Amerikas Zauberberge. terra magica, Luzern.

1995

England, Wales. terra magica, Luzern.

Kanada. terra magica, Luzern.

Norwegen. Ellert und Richter, Hamburg.

Island. Ellert und Richter, Hamburg.

1994

London. terra magica, Luzern.

Schottland. terra magica, Luzern.

Kalifornien. terra magica, Luzern.

1993

Norwegen. terra magica, Luzern.

Finnland, Land der langen Nächte. terra magica, Luzern.

USA – Der Südwesten. Ellert und Richter, Hamburg.

Irland. Ellert und Richter, Hamburg.

1992

Dänemark. terra magica, Luzern.

1991

Island. Ellert und Richter, Hamburg.

Die Anden. terra magica, Luzern.

1990

Grönland, Naturparadies im Norden. terra magica, Luzern.

1989

Neuseeland, Land der langen weissen Wolke. terra magica, Luzern.

Irland. terra magica, Luzern.

1985

Island – Exotik des Nordens. Iceland Review, Reykjavik.

1981

Faszination Landschaft. Verlag Photographie, Schaffhausen.

Technorama

Zum Schluss noch dies: Die statistischen Zahlen von Winterthur in ihrer ganzen Fülle ersehen Sie aus vielen Quellen, dazu braucht es dieses Buch nicht. Wir möchten aber doch einige Gedanken über die hervorragenden Merkmale unserer Stadt weitergeben:
Im Erscheinungsjahr unseres Buches zählt Winterthur, die sechstgrösste Stadt der Schweiz, etwas über 90 000 Einwohner. Ganz so viel dürften es um das Jahr 100 n. Chr., der Gründungszeit unserer Stadt als römische Siedlung Vitudurum, noch nicht gewesen sein. Heute stehen den Bewohnern der Stadt 68 km^2 Fläche zur Verfügung, von denen satte 70% als Wald, Garten, Parks und Landwirtschaftsfläche grüne Natur sind. Mitunter der Grund für den verdienten Namen «Gartenstadt». In den stadteigenen Grünflächen stehen 12 800 tatsächlich nummerierte und katalogisierte Bäume, an denen sicher auch die 2608 registrierten Hunde aus der Stadt ihre Freude haben. Vielleicht haben sich einige der 544 Paare, die hier pro Jahr heiraten, auf dem einen oder anderen der 1300 Stadtparkbänke zum ersten Mal geküsst. Geküsst wurde die Stadt auf alle Fälle von der Muse. Selbst die Schüler des Musikkonservatoriums oder einer der Hochschulen dürften bei ihrem Besuch in einem der 14 Museen der Stadt ob der grossen Anzahl der weltberühmten Kunstwerke erstaunt sein. Überhaupt sind die Stadtbewohner fleissige Sammler, zu den 181 kg Kehricht pro Kopf und Jahr kommen noch gute 90 kg Recyclingabfall. Diese Sammelstellen sind bequem auf dem Radroutennetz, das 174 km auf Stadtgebiet umfasst, oder mit der Hälfte eines Personenwagens, den es pro EinwohnerIn durchschnittlich gibt, zu erreichen.
Wenn Sie unser Buch fertig gelesen haben und schmunzeln konnten, wie wir es unserer Stadt mit dem einzigen Comedy-Theater der Schweiz eigentlich schuldig sind, so haben wir erreicht, was wir wollten. Dass Sie unser Buch am Ende mit einem Lächeln zuklappen.

Birkenhalde Verlag, Winterthur